먼 훗날까지 지켜야 할 약속이 있다

김인숙 시집

시인동네 시인선 130   김인숙 시집

먼 훗날까지 지켜야 할 약속이 있다

시인동네

시인의 말

여행에서 꿈을 보길 원한다.
같은 시간, 같은 공간에 있었으면서도
거울의 건너편에 앉아 있는 듯 비현실적인 승객들,
나는 변함없이 시트에 앉아
타인의 고독을 세며
어딘가에서 사그라들었을 시간의 파문을 찾아 헤맨다.
어느 역에서 내려야 할지,
언제 자리에서 일어서야 할지,
나는 여전히 알지 못한다.

2020년 6월
김인숙

차례

시인의 말

제1부

거울과의 동행 · 13

마그마 · 14

달팽이의 꿈 · 16

바늘의 길 · 18

에스컬레이터 · 20

연어 캔 · 22

두근거리는 언약들 · 24

손바닥 잠언(箴言) · 26

교차로 Y · 27

흔들의자 · 28

마지막 비행 · 30

꽃 속의 얼굴 · 32

얼굴을 가다듬고 · 34

물의 감정 · 36

10cm의 세상 · 38

제2부

검지의 트위터 · 41

정오의 분수 · 42

일방적 출구 · 44

달팽이 · 46

먼 훗날까지 지켜야 할 약속이 있다 · 48

오르골 · 50

장미와 미라 · 52

나뭇잎, 그리고 타버린 나날 · 54

모래시계 · 56

열대야를 대하는 방식 · 58

달팽이집 · 60

밤이 흔들리는 이유 · 62

오후 2시였소 · 64

식도(食道) · 66

제3부

넘치는 오수(午睡) · 69

햇빛 속으로 · 70

접시의 비린내와 한 점 편집증 · 72

구름의 계절 · 74

눈먼 집 · 76

거울 속으로 · 77

워킹맘 · 78

돌이 삼킨 새 · 80

출구 · 82

삼월 · 83

계단을 배운 사람 · 84

우물의 침묵 · 86

게놈의 진실 · 88

내비게이션 · 90

제4부

이상한 판타지 · 93

나의 징크스 · 94

도시는 하늘이 없다 · 96

여섯 개의 점 · 98

CCTV · 100

붉은 휴가 · 102

사라진 노래 · 104

몽유(夢遊)의 공백 · 106

공간 · 108

치통의 목차 · 110

누가 내 거울을 가져가는지 · 112

그림자 마을 · 114

손, 혹은 손(孫) · 116

사막에서의 반성 · 118

해설 시간의 합주 · 119
     진순애(문학평론가)

제1부

거울과의 동행

　내가 당신과 눈을 맞추고 걸어갈 때 천둥은 치고 비는 내리지 않았지 동행이라는 그 아름다운 말과 함께 당신이 보고 있는 저 구름과 새의 비행을 어제의 달콤한 속삭임이었다고 이야기하면 당신은 무엇으로 나를 진정시킬 것인가 너무 많은 비상구를 가진 당신과 당신 사이에서 나는 또 무엇으로 나를 설득시킬 것인가 당신의 눈을 가리는 태양의 무늬를 이제 허상이라 이야기하겠다 내가 당신과 눈을 맞추고 걸어갈 때 천둥은 치고 비는 내리지 않았지 당신이여, 이것마저 허상이라 이야기하지 말자 푸른 자전거의 푸른 바퀴가 어디로 굴러가는지 먼 훗날까지 나는 지켜봐야 한다 누군가 당신을 불러주기 전까지 누군가 당신을 닫아주기 전까지 너무 많은 눈을 가진 당신을 나는 기록해야 한다

마그마

당신이라는 나라에 가기 위해
발끝에서 머리끝까지 체온이 끓어오르고 있어요
이렇게 온몸에 불을 붙여 상승하다 보면
언젠간 재만 남게 되겠지만
뭐, 어때요
이것이 내가 당신에게 접근하는 방식인걸요

범접하기엔 차마 먼 빙벽처럼
도저히 닿을 수 없는 거리, 꼭 그만큼의 거리에서
당신은 굳게 닫혀 있군요
평생을 치받아도 동요하지 않는 당신을
지축(地軸)이라 불러도 될까요
고독이라 불러도 될까요

입구도 없고
출구도 없는 천공(穿孔) 속의 당신

당신이라는 나라에 닿기 위해

나 오래전부터 화려한 분신을 꿈꾸었지요
열리지 않는 문 앞에서
불을 품고 살았지요

제발 틈을 보여주세요
화려한 분출을 보여드릴게요

달팽이의 꿈

세상에서 가장 느린 풍향계를 달고
나는 나를 운반한다
내일의 바람은 아직 내 것이 아니므로
후생(後生)에게 맡기고
꽁무니에 따라붙는 오늘의 바람을
폐부 깊이 들이마시고
나는 나를 끌고 평생을 간다

온몸에 뒤집어쓴 이 알이 부화할 때까지
기꺼이 나락을 헤매다
나는 새가 될 거야
붉은 날개를 가진 새가 될 거야
종일 타오르는 불꽃,
불타는 노을이 될 거야

그러니 한낮의 뙤약볕을 나에게 퍼부어 주렴

내 부리와 더듬이가 말라비틀어지도록

내 심장이 타들어가도록
온몸이 날개가 될 수 있도록

세상에서 가장 느린 풍향계를 달고
나는 나를 운반한다
현생(現生)에 부는 바람만이
오직 내 편이다

바늘의 길

삼대(三代)를 완성하기 위해
딸을 낳았지만 여전히 구멍뿐이었다

빗나간 가윗날에 밑단은 사라지고
바늘구멍은 보이지 않았다
실꾸리에 감긴 실처럼 하얗게 늘어지던 졸음
바늘 끝이 자꾸 길을 잃었다
돋보기를 쓰고도 저고리 도련을 꺾던
할머니의 야무진 손놀림만 더욱 깊어졌다
골무에 닿은 불빛이
어둔 눈빛을 인도하던 밤은 길었다

구렁이는 구렁이의 길을 가서 외롭고
할머니는 할머니의 길을 가서 외로웠다

바늘 끝이 외롭다는 걸 진작 알았다면
딸을 낳지 않았을 것이었다
할머니의 자투리 시간을 내일로 이어붙이는 동안

한 일생이 다른 일생으로 전이되고 있었다

바늘귀를 빠져나가는
괘종시계의 초침 소리가 무거웠다
생계는 영원히
실마리가 풀리지 않았다

에스컬레이터

저 속에 수천 미터의 뱀이
똬리를 틀고 있는가
한 종(種)의 존재들이 순환하는
무한궤도 혹은
뫼비우스의 띠를 밟고
오로지 앞으로 나아가기만 하는 사람들

이 느릿한 질주는 어디서 오는가
돌고 도는 시간의 단면을
그저 가는 것으로만 탕진하는
이 지나친 배려의 전진

비행운을 따라가듯
허공을 회전하듯
한 마디씩 사라지는 뱀의 비늘들

풀숲으로 사라지던 뱀의
검은 실루엣 앞에 한참을 멈춰 서 있던 일처럼

뱀의 똬리가 발목에 휘감는 듯한
감정에 사로잡혀
간다,

잠시 발걸음을 멈추고
우리의 앞으로 사라지는 레일 위에 서서
묵묵히 간다

연어 캔

캔을 딸 땐
그 속에 고이 잠들어 있는 한 일생을 깨우지 않도록
주의해야 해요

연어를 놓아주세요
소파에서 빈둥거리지 말고
세찬 물살로 연어를 돌려보내 주세요
연어의 뱃속엔 역류하는 세계가 들어 있어요
그것은 아름다운 파문,
연어는 자초(自招)하는 물고기예요
예정된 그 죽음의 행로를 잘라야 해요

강은 포기를 모르죠
강을 포기하는 것은 연어가 아닌 우리들이니까요
흐르거나, 솟구치거나 한
연어의 꿈
폭포수를 거슬러 오르던
힘찬 꼬리가 달린 우리들의 꿈 말이에요

연어 캔을 딸 땐
한 생애가 이룩한 파문이 쏟아지지 않도록
주의해야 해요

두근거리는 언약들

언약, 이라는 말을
알약이라고 실언하는 순간이 있다

말의 도형들을 생각하다
내 귀의 모양을 확인할 때가 있다
꽃피기 좋은 곳이라고 여겼던 곳들마다
굉음처럼 가시가 돋아난다
귓속에 여름 하늘이 펼쳐져 있다면
천둥과 번개의 파열음까지 각오해야 한다

언약처럼 변덕스런 날씨가 있을까
빗소리가 들린다면 언약에 싹이 날 것이고
귓속을 뚫고 들어온
전두엽에 오선지가 그려질 것이지만
들리니, 멜로디가?
달팽이관 속으로 구르던 실언들이
심장 끝 낭떠러지로 떨어지던
두근두근 타악기의 소리들

더 이상 오늘을 잡지 않을 거야
그러니 귀 없는 언약은
기울어지는 어지럼일 뿐이겠지만
막혀버린 고막이 열린다면
귀는 꽃피듯 쫑긋거릴 것이다

언제부턴가 나는
언약이라는 지병을 앓고 있다

손바닥 잠언(箴言)

은행알을 주웠다

알알이 타당한, 알알이 자명한
알알이 현명한 말씀,
말씀들을 주웠다

소싯적 어른들의 훈계를 귀 너머로 흘려들었던
내 아둔함을 탓하기라도 하듯

알알이 고약한,
알알이 요란한 그 말씀들이
손바닥에 묻어
좀처럼 지워지질 않았다

분(糞)으로 쓴 손바닥 잠언(箴言)을
고이 모시고 돌아와

한나절 내내 읽고 또 읽었다

교차로 Y

8월의 교차로에 차들이 뒤엉켜 있다
노란 유치원 차와 파란 활어차가 부딪쳐 난장판이 되었다

유치원 아이들이 노랗게 노랗게 엄마를 부른다 울음소리가 교차로를 뛰어다닌다 물 밖으로 튕겨진 활어들이 아스팔트 바닥을 긴다 배를 뒤집고 거품을 내뱉는다

어디로 가란 말이냐 한낮의 햇살이 아스팔트를 녹인다 농어의 점이 점점 더 짙어진다 붉은 아가미의 탄식을 아무도 들어주지 않는다 광어의 배가 노랗게 익어간다

노란 모자가 놓친 아이가 농어를 들어 올려 품에 안는다
농어의 입에 숨결을 불어넣는다

흔들의자

아무 생각 없이
흔들리고 싶을 때가 있다

오래전 보았던 편백나무 숲속 그 아련한 술렁임처럼
고래의 허밍을 들었다
낯선 곳으로의 여행 그리고
젖은 바이올린의 고요한 선율을
귓속에 담고

곁을 내어주고 싶을 때가 있다
진동에 몸을 맡긴 채
소식 없는 소식을 기다리며
가끔 저 세상에서 이 세상으로 오는 버스에 손을 흔들었다
흔들리는 나뭇잎이 너무 많아서
금세 파동 속에 묻혀버렸지만

탄력을 필요로 하는 누군가가
나의 손을 잡아주었다

곁이란 그런 것,
흔들리고 싶을 때 맘껏 흔들릴 수 있도록
몸속에 풍향계를 심어주는 것

안락하고 편안한 양수(羊水)의 출렁임 속에
만삭인 여자가 앉아 있다

마지막 비행

〈창고대방출 마지막 정리〉
바람을 타고 날아온 전단지 한 장
내 발밑에 와서 힘없이 툭, 날갯죽지를 접는다
온기라곤 없는,
계절을 놓친 과월(課月)의 종이 새
마지막 찬스를 물고 날아와
눈치를 살핀다

아직, 정리할 그 무엇이 남아 있다는 듯이

전봇대를 지나
가볍디가벼운 지붕들을 지나
고층 빌딩 사이를 지나
며칠 남지 않은 유효기간을 지나
찢기고 구겨진 날개로
도심 한가운데까지 날아온 새 한 마리

마지막 정리를

마지막 숨결처럼 물고 팔랑거리고 있다

뼈 하나 없는 새의 날개를 고이 접어
품속에 넣는다

꽃 속의 얼굴

꽃을 들곤
다음 생으로 건너갈 수 없다는데
꽃 속에 묻혀 있는 저 여인은
지금 어느 세상의 문을 두드리고 있는 걸까

조화(弔花)와 조화 사이,
빈틈이라곤 찾아볼 수 없는 불의 통로에서
오직 망자만이 바쁘고
망자만이 웃는다
슬픔은 남겨진 자의 몫이라는 걸
꽃들도 이미 아는지
저마다 입을 굳게 다물고 있다

웃는 영정 앞에서
울음마저 태워 보내야 하는 게 삶이라면
몸속 깊이 각인된 저 화농은
어쩌란 말인가

이미 세상 밖으로 엎질러진 슬픔인데
화장의 시간은 왜 자꾸 밀리나
저승길, 지루한 낙화처럼 정체되고
꽃 속의 여인은 상주의 타는 속을 아는지 모르는지
저토록, 몇 년 전의 얼굴로 환하다

얼굴을 가다듬고

이 끝을 생각하고 저 끝으로 잊었다
언덕에 걸어두고 온 목소리는 오르막이어서
생각할 때마다 숨이 차다

어린 이름으로 놀던
발자국들로 오르는 그 언덕
휘청거리는 다리는 점점 가늘어진다
언덕 위 아래로
각각 길을 잡았던 우리는 어느 비탈에서 만나야 하나
너무 슬픈 목소리들의 비탈
그 언덕을 키웠던 발소리들은
어느 고목의 그늘이 되었나

발자국들이 제 신발을 벗기 전에
자라난 한 뼘 기억들의 허리가 굽어지기 전에
어제인 듯한 너의 모습과
오늘인 듯한 노랫소리
노파와 마주쳤던 골목

좁은 길에 가득했던 날카로운 금속성
모두 그 시간으로 되돌리자
점점 멀어져가는 중심축을 제자리로 돌려놓자

바람으로 귓속을 씻고
저 햇살이 다 소멸되기 전에
얼굴을 가다듬고 회화나무 밑으로 모이자

물의 감정

어디서부터 시작되었을까.
셈을 하기엔 너무 멀고 먼 시원(始原)

감정을 넘친 두 물이 한 손수건에 섞일 때 슬픔은 종류를 버리고 한 감정으로 충실해진다. 아프리카폐어처럼 눈물을 만난 두 눈. 물고기의 언어를 흉내 낸 합창같이 마음을 한데 섞는 포옹같이 묵언(默言)의 흐느낌으로 서로를 읽은 두 물.

감정은 너무도 정직해서 두 눈을 차별하지 않는다.

물고기들이 거슬러 오르듯 어디선가 복받쳐 올라 다시 저 아래로 흘러내리는 물. 여울은 어깨를 들썩이며 흐르지만, 두 물은 상처 하나 없이 한 치의 오차도 없이 흐느낌으로 솟구친다.

내 가장 깊은 곳에서 두 물을 불러낸다는 것, 여러 모양으로 다가설수록 갈피마다 파고든다는 것, 마침내 내가 강이 된다는 것,

〉

두 물은 속을 들키지 않으려고 소용돌이쳤지만
물고기들의 합창같이 질주했지만
하나의 이야기를 섞는 두 눈은
닫지 않는 한 투명하다.

10cm의 세상

트위터에 눈이 내린다.
메시지만 있고 실체는 없는 눈송이들이 세상을 움직인다.

명예퇴직하고 심마니가 된 〈직장암 랭보〉가 산으로 간 뒤 베트남 새댁 〈월남국수〉의 아오자이가 뜨거운 눈물을 훔친다. 신문 배달하던 〈ET〉의 자전거가 금성으로 간 까닭은 끝내 밝혀지지 않았다. 〈용이 된 미꾸라지〉의 성공 신화는 〈매맞는 카사노바〉의 후일담에 묻혀 재빨리 잊혔다. 푸른 눈의 강사와 어울리던 〈미미〉가 기지촌에 짐을 푼다. 〈이웃사촌〉은 어제도 오늘도 더 이상 보이지 않고 〈귀 밝은 베토벤〉이 쓴 시가 세상을 밝힌다. 어린 왕자를 기다리던 〈사막여우〉는 이미 죽은 지 오래 〈천국의 양치기〉가 세상 모든 양(羊)을 이끌고 강을 건너간다.

트위터에 눈이 내린다.
메시지만 있고 실체는 없는 눈송이들의 행렬이 세상을 바꾼다.

제2부

검지의 트위터

 모든 일들이 다 요즘, 이라는 말 한마디에 긍정의 신호를 보낸다

 세상은 마음 밖에서 춤추고
 우리들의 검지는 마음 안에서 춤춘다

 손가락들에게 인문학을 가르쳐야 한다 윤리에 대해, 역지사지에 대해, 종교에 대해 해박한 지식을 가르쳐야 한다 기억이란 말을 접속이라는 말로 고쳐 불러야 한다 한낱 복수에 관한 정설도 폭로의 방식도 모두 손가락들에게 일러줘야 한다

 죽는 그날까지 손가락들을 예우해야 한다

정오의 분수

정점에 다다르기 위해
온몸을 열고 나란히 하늘을 올려다보았죠
자신들의 불행을 떠올리기 좋게요
추락을 경험하기까진
우린 아직 미완성의 물방울로 기억되겠지만
그러면 어때요

모두들 빛을 꺼내들었어요
일렬로 늘어서서 한껏 힘자랑을 했지요
거리(距離)를 측정할 순 없지만
가장 높이 떠 있을 때
태양은 비로소 본색을 드러내기 시작하죠

우리는 태양을 움켜쥘 수 있을까요

허공에 솟구친 물방울의 탄식을
담아낼 그릇은 없어요
오직 물방울뿐이죠

그러니 우리 스스로 부력을 만들어야 해요
소용돌이 속에 몸을 맡기는 건
그 때문이에요
어차피 회귀는 불가능하니까요

우리는 그렇게
정오의 햇살 속으로 사라지는 중이에요

일방적 출구

순서를 기다리는 진찰실 앞에서
사랑은 시작되었다

자동판매기,
오렌지 사이다 커피 코코아
몇 번이나 눌러도 되돌아오는 건 동전뿐
동전 같은 불안뿐

입천장이 목피질(木皮質)로 느껴질 때
눈은 천사를 원한다

본성을 자극하는 에탄올 냄새
복도를 긴장시키는 하얀 하이힐 소리
고개를 쳐드는 자낙스*의 유혹,
고개를 젓는다,
천사는 어디에도 없다

너무 얇은, 유리창 속으로 투신하는 햇살

햇살의 비행이 아름답다
고개를 젓는다

밀랍인형 같은 간호사들
쓸쓸한 손톱들

---

* 공황장애 환자에게 처방되는 항불안제.

달팽이

이별이 되돌아왔다
눈동자가 뱅뱅 돈다 우아한 곡선으로 허공을 잡는다
쉬지 않고 뒷발을 찬다

되돌이표에 숨어
보호막을 쓴 연체의 몸으로
작두를 탄다

궤도를 벗어난 고행
지구의 걸음마
공전 그리고 자전

우아한 곡선에 실린 한순간의 떨림 출발지가 곧 기착지가
되어버린 생,
 가장 빠르게 혹은 가장 느리게,
 눈물 속에다 집을 짓고 살다니……

 진정 그런 줄 몰랐다

\>

이별이 되돌아왔다

눈물이 뱅뱅,
가슴을 찢었다

먼 훗날까지 지켜야 할 약속이 있다

길을 잃는다는 것은
그 길에 묶인다는 것
기압과 기압이 만날 때 물의 불빛을 보았다
순간을 가르고 절단면까지 보이며
내리꽂히는 폭우

어쩌면 번개의 태생지란
불가능의 문이 살짝 열리는 곳이 아닐까

우리에겐 수많은 폭우가 내린다
그럴 때마다
우산은 언제나 일인용이다
폭우를 집에 들여놓지 못하듯
우산이 늘 폭우 근처를 서성이듯

양팔 잘린 토르소와
중심 잃은 나인 핀으로
우린 서로 멋쩍게 돌고 있다

〉

내가 밟은 브레이크는 어디까지 밀려갈 것인가
스키드마크의 굉음과
내 목덜미에 박힌 파편은 언제 털어낼 수 있을까

먼 훗날까지 지켜야 할 약속이 있다고
우산 위로 쏟아지는 하늘의 말씀에
왼쪽 어깨가 다 젖는다

오르골

상자를 여는 순간,
딱 한 사람의 주민이 있고
딱 한 사람만의 축제가 있다
해제된 침묵이 열리고
춤추는 소녀에게 손을 잡힌 채
작은 상자의 나라로 끌려 들어간다
이것은 어두운 방의 유년
혼자 놀다가 지친
무서운 술래다

뚜껑을 닫는 음계들
눈동자를 반짝이던 알 수 없는 순서들이
반으로 접혀 사라지고
눈을 가리고 세던 숫자 속으로 숨는 시간
아무도 찾지 않던 어둑한 구석
나비 날개에 얹힌 배경음악이 회전하며
오수(午睡)를 불러들이는
소녀의 시간,

숨은 사람도 없는 술래의 시간

지구의 반대쪽으로 숨은 친구가
보내준 멜로디,
어지러운 얼굴로 인사하는 우리는
참 많은 멜로디를 낭비하고 있다는 생각

상자를 열면,
숨어 있던 소녀가 울음을 터트리고

장미와 미라

누군가 보내온 장미 한 다발,

지금껏 한 번도 만난 적 없는 활기찬 표정을
셀로판지에 싸서 거꾸로 매단다
순간의 행복보다 나는
영원을,
영혼을 택한 것인데

장미들, 그 작은 입을 열고
창틈으로 부서지는 햇살을 빨아들인다
그렇게 조금씩 웃음을 거둬들이며
야윈 얼굴이,
야윈 미소가 어두워진다
수많은 바깥을 향해 일제히 호흡을 멈춘다

벼랑 위의 꿈처럼
나는 흰 벽을 배경으로 흔들리기 시작하고
그렇게 조금씩

내 시간을 무너뜨리며
캄캄한 벽 속으로 한 무리의 장미가 봉인된다

마른 영혼들이 잠자는 벽, 표정이
일그러진 미라가
힘겹게 매달려 있다

나뭇잎, 그리고 타버린 나날

불현듯, 기억을 묻는 일은
뼈아픈 자책의 시간이다

읽고 난 책들이 나무 밑에서
축축하게 밟힐 때
가물가물한 일들은 모두가 비슷한 키여서
앞뒤 순서를 헤치고
여기, 라고 말할 때

여러 방향으로 서로 엇갈린 우리들의 밀회(密會)들

그래, 굴러서 온 것이 겨우
고작, 이 가을인가
이 나무 밑을 서성거리는 일인가
흐릿한 부싯돌로 파란 불꽃을
활활 다시 한 번 태워보겠다는 심사인가

잿더미, 잿더미들

아름다운 화염을 지나온

멈추지 않는 수피댄스의
회전에 접신(接神)되는 원심력 속으로
이제는 고꾸라질 때
나무 밑엔 여전히 기다리는 시간들
휑휑한 연착을 알려올 때
쌓인 나뭇잎들과 읽고 난 책들이 키를 맞댈 때

모래시계

나는 모래시계에서 태어난
시간일지도 몰라,

모래시계 속에는 사구의 지층과 거짓말을 뚝 자르고 도망치는 도마뱀 꼬리의 무덤, 매일 지각인 딸을 위해 아버지는 5분의 시간을 사오셨다 한번 뒤집으면 다시 5분이 태어나고 재촉은 시작된다 지각은 편식에서 늘어나고 모래시계는 아버지의 말없는 훈계

시간을 뒤집어
이 사막을 건널 수 있다면,

나의 도착시간엔 언제나 성난 시간의 표정이 있었다 흘러내리는 모래의 속도보다 더 빠르게 펼쳐놓아야만 했던 신기루, 모래는 나의 멀고 먼 미래

아버지는 시간의 지주(地主)
차고 넘치던 시간의 창고

사막은 식탁에서 시작되고 그때마다 입 안에 모래알이 버석거렸다 모래 속에는 가장 느린 시간이 걷고 있었고 가장 가혹한 재촉이 있었다

내 혼수 품목에 들어 있던
아버지의 모래시계

아무렇지도 않게 모두의 속을 뒤집어놓는 시간의 독재, 나를 닮은 딸아이를 천천히 끌고 간다

열대야를 대하는 방식

목줄을 조이는 곳은
올가미가 아니라 작은 고리
그 고리의 힘으로 올가미는 바싹 조였다
다시 느슨하게 풀어지기도 한다.

태양은, 지구는, 또 달은 얼마나 큰 올가미인가. 그 올가미를 옥죄고 푸는 계절들. 여름밤은 사람들의 호흡을 옥죄고 있고 열대야라는 말 속에 열대어가 헤엄치고 있다. 소름 같은 지느러미를 달고 명치끝까지 치받아 뻐끔거리고 있다.

불타는 시간을 지나가고 있는 중입니다, 기상캐스터들은 몬순지방의 의상을 하고 열대우림 풍의 화장을 한 말들을 쏟아놓는다.

불타는 태양을 거실 바닥에 쏟아버릴 거예요. 시원한 달에 바람을 더 많이 불어넣을 거예요. 다리미로 빗줄기를 다릴 거예요. 냉철한 셔츠는 보름달을 조금 떼어내 표백시킬 거예요. 에스키모의 말투를 앵무새에게 가르칠 거예요.

내일은 남자 친구와 외식을 하고
인디밴드 멤버들과 격렬한 춤을 즐길 거예요.

열대야와 빗줄기가 멈추면
세상의 목줄들은 길게 자라날 것이다.
몸을 불린 달과 함께,
조금 더 기울어진 지구의 한 귀퉁이를 산책할 것이다.

달팽이집

그 어지러운 집 속에
나선형 계단이라도 숨기고 있는 거니
어디든 갈 수 있는 캠핑카라도 들어 있는 거니
출퇴근도 없는 집
참 이상한 침대와 거실과
베란다를 갖고 있구나

개미도 거미도 집을 가졌다는 걸 떠올리면
헛바닥이 오그라들고 머리칼이 곤두선다

나는 집을 지고
휘파람을 불며 태어났지

아무리 몸을 연체동물처럼 구겨도
내 몸에 딱 맞는 집은 없었지
알리바바의 주문에도 내 집은 열리지 않았지
열쇠 구멍조차 없는 문고리,
쾅쾅 두드릴 수 있는 복도도

서성거릴 문도 없었지

토끼뜀을 할 수도 소리를 지를 수도 없는
너무 멀리 있는 집
UFO를 찾기 전까지 돌아오지 않을
우주로 발사된 분양 가격을 잡기 위한
반복적인 무중력 연습

공상 속의 나의 집,
허공 속을 둥둥 떠다니는 분양 안내 애드벌룬들
꽉 막힌 퇴근길을 천천히 달려 도착하는
달팽이들의 집

밤이 흔들리는 이유

펼쳐놓은 페이지에 검은 구름의 얼룩들,
이 구름을 마시고 뼛속까지 물들었다
이 암운(暗雲)은 먼 나라의 나뭇가지에서 시작된 것
밤이 흔들리는 건
어딘가 검은 나비들의 출몰지가 있다는 것

커피콩이 익어가는 숲
여과지를 통과하는 검은 지류(支流)의 추출이
똑똑 새는 불면의 초침으로 떨어진다
밤의 시간엔 검은 향을 맞는 검은 후각이 있다
원을 그리는 스푼의 횟수가 늘어가고
내 입술을 내가 흡입하는 동안
나는 조금씩 부식되겠지

더 이상 커피에게 먹히지 마세요,
헛구역질과 손끝의 경련이 진득하게 달라붙는
지루한 오후, 소통의 채널이었던
검은 눈의 윙크는 사라졌다

〉

책장의 먼지들이 활자들의 카페인을 기다리듯
구름처럼 피어오르는 검은 초침의 구애
조금 환해진 내 속의 어느 원산지에서는
익어가는 빨간 커피콩의 시간이 있다

이제 빈 잔으로 남은
찬물에 섞이는 바람의 카페인이 있다

오후 2시였소

게으름쟁이 오수(午睡)가
백지로 날아들었소
한낮은 롤 스크린처럼 말려들어
뿌리는 이미 땅속 깊이 묻어버렸어도
오수는 저렇게 몰려오고 있소,
햇살을 죽이려고 조금씩

구름이 음각과 양각을 다투는 창가에서
일찍 눈떴던 새벽들이 눈꺼풀을 체납했소
고양이가 걸어 들어갔소
차양(遮陽)이 제 끝보다 길어졌소
계절 고르는 일을 깜빡하여
밀가루 반죽처럼 말라붙은 웃음들도
짙어지고 두터워졌소

새긴 손톱의 눈금에
오수는 길게 수로를 내었소
넘치는 발자국에 힘을 새겨 넣었소

신발을 신은 옅은 잠이 성큼, 편서풍에 뛰어올랐소

오후 2시의 그늘에 잠깐 오수가 깃들었소
구부러진 부리와 빠진 발톱에도 스며들었소
아무도 모르게 내 눈 속을 머물다 떠났소
짧은 햇살이 만지고 간 오수의
새하얀 한낮이 있었소

식도(食道)

식도, 라는
하루도 거를 수 없는 길이 있다
목마를 때 나타나는 침샘과
맛에 취해 안으로 숨어든
충치의 고통을 견디는 순간에도
식도는 묵묵히 걷는다
포만에 욕지기를 동반한 목젖의 움직임
식도의 습관은
역류이거나 배설이다

흥겨운 여정이거나
또는 쓸쓸한 공복이거나

그러므로 우리는 모두 걷는다
즐거운 입을 지나
회항하듯 맛있는 순간을 떠올리며
함구(緘口)의 그곳까지
길고 긴 길 하나를 걷는다

제3부

넘치는 오수(午睡)

얼굴에서 와장창,
유리창 하나를 깨트리고 싶다

동공에 몇 잔 커피를 들이부어도
차고 넘치며 터질 듯 눈을 닫고 내 몸을 닫는 오수,
잠의 밀물과 썰물을 밀고 당기는 동안
시간은 수레를 쏜살같이 밀었다는 듯
창밖 명자꽃은 또 피고
마당엔 산산이 깨진 꽃잎들만 가득하다
봄은 벌써 창을 넘어 도망가 버렸고
내 머릿속엔
정신 차릴 꽃 한 송이 남아 있지 않다

내 눈은
낡은 창문처럼 뿌옇게 늙었다

햇빛 속으로

내가 너의 눈을 뚫어지게 바라보고 있을 때
너의 시선은 바닥을 친다
걷잡을 수 없는 시간이 몰려오고 있다
너무 많은 눈이 있어
너는 나를 보지 못한다

너와 나의
관계

그림자 위의 그림자가
그림자 밑의 그림자를 보지 못하듯
커피 잔과 잔 사이에 머물렀던 여운이
점점 희미해져 간다

문 밖에 존재하는 사람은
아무리 발버둥 쳐도 잡을 수 없다,
그것을 알기까지
나는 얼마나 더 너의 뒷모습을 기억해야 할까

햇빛 속으로
두 마리의 비둘기가 한데 묶여 날아간다
비둘기에겐 없는 이별이
사람들 사이에 있는

내 그림자가 너무 길다

접시의 비린내와 한 점 편집증

생각 속에는 맛을 보는 혀가 있어
젓가락 끝 한 점 편집증이 종일 골똘하지
절여진 식습관,
한 접시의 비린내가 성성하고
파슬리는 푸르고
군침이 혀끝을 맛보는 생

접시는 아가미를 뻐끔거리고
젓가락 끝은 빨갛고
온갖 곁들여진 맛의 장식을 떠올리지

마음은 이미 칼을 들고 비늘을 털지
한 잔의 술이 물고기 부레를 타고 둥둥 뜨고
파도가 깔린 테이블을 떠올리지

한 접시의 비린내와
부서지는 파도의 편집증

>

찡한 코끝과 날것의 역사를 생각하다
이것은 최초의 식습관이라는,
아무런 장식도 없던 시대의 지루한 식사였으며
밋밋한 포만이었다는 것을 떠올리지

입가에서 풍기는 비린내가
편집증적인 맛에 길들여진 나를 부추기는
퇴근시간이면 푸른 물속의 무중력 유영이 떠오르고
날치 한 마리
입속을 날아다니지

구름의 계절

구름에게도 계절이 있을까
한 무리 구름을 떼어 동공 속에 풀어놓고
흐름을 쫓다 보면 두 손바닥과
짭짤한 비가 떨어지는 살구나무 위
모든 감정은 날개를 달고
그곳에서 분주해진다
홰를 치고, 솟구치고, 소용돌이치는 날개
망원경 깃털의 조절을 주의 깊게 살피다가
왈칵, 뭉쳐진 날개를 본 적이 있다
흐름의 속력들이 바람을 타는 동안
나뭇가지에 비탈로 걸린
조각난 깃털들을 꽃잎이라고 불렀다

나무에 걸어놓고 바람의 속력으로
살랑거리는 날개의 보풀들
수만 개의 귀를 쫑긋거리며,
달리는 계절에 대해 구름이 펼치는 미담을 듣는다

조각구름을 모아 한 무리로 깁는다
나뭇가지에 걸려 기울어진 것들
궤도를 벗어난 가장행렬을 보려고
확장을 거듭하는 동공
조각구름들 잘 펴서 주머니에 넣는다
울고 싶은 날,
주머니를 뒤적거려 낮은 구름 하나를 쥐면
손이 축축해지는 구름의 계절

눈먼 집

 오래된 바람이 녹슨 철 대문을 두드린다 함부로 웃자란 풀들이 처마 끝 거미줄을 뜯어먹는다 산 채로 늙어가는 붉은 고욤나무의 푸념 때문인가 오목눈이 한 마리가 폐허를 물고 어디론가 사라진다 목이 꺾인 굴뚝 속으로 스며드는 햇발의 기둥들

 식은 구들장에서 할아버지 기침 소리를 듣는다 아랫목에 묻어두었던 무덤 같던 밥공기는 다 어디로 갔을까 장판 밑에, 장판 밑에 우글거리던 쥐며느리들이 다 파먹었나 아궁이 흙벽 그을음 속에 아아, 쥐며느리의 수명은 너무 길다 할아버지 기침 소리가 자꾸 헛발을 딛는다 지붕 너머 아득한 대숲이 옛사람을 부른다

거울 속으로

소갈머리마저 다 빠져버린 수상한 여편네가
거울 앞에 서 있다

　구겨진 의자에 담겨 티셔츠 구멍 속으로 불룩한 배를 밀어넣는다 젠장, 입구와 출구 사이에서 터진 수도꼭지처럼 넋두리를 늘어놓는다 먹다 남은 치킨을 전자렌지에 넣는다 2분을 기다리지 못해 모서리가 닳은 소파에 걸터앉아 TV를 켠다 입담으로 먹고 사는 여자들이 지지직 치킨처럼 익은 얼굴로 수다를 떤다 말 많은 여자들의 아침은 비눗방울처럼 가볍다 수화기를 든다 친구와 약속을 하려다가 여성지 표지 모델의 애잔한 눈빛에 끌려 잡지를 든다 왼손에 커피 잔을 들고 오른손으로 커피 잔을 찾는다 지겨운 파리들, 지겨운 햇살들…… 무표정한 시간 속에서 나는 점점 무표정한 표지가 되어간다

워킹맘

나는 시간 끝으로 밀려난 바깥의 엄마
두고 나온 긴 꼬리의 끝이 항상 거실을 쓸고
액자의 먼지를 털어내도
집안일이 밀린 일기처럼 쌓인다
저녁의 귀가는 흐느적거리는
그림자의 의상(衣裳)

가사도우미를 만나는 순간
손맛을 불러들인 식탁이 너무 혼란스럽다
나도 혼란스럽다
그녀의 위험한 동선은 아슬아슬하게
내 눈 밖을 서성인 지 이미 삼년이나 되었다

그녀가 처음 내 식탁을 차지하던 날엔 바람이 불었다
차린 웃음에서 인공조미료 맛이 났다
오늘의 요리는 쓸개의 만찬
입술에 달라붙은 쓴맛에도 변명의 맛이 났다
내일은 소름을 무쳐 차리겠지

검은 속내가 보글보글 끓고 있는
냄비 속에서 식탁이 설익고 있다

그러나 계속 눈 밖에 두고 머리카락을 세울 수만은 없다
출근하면 매일 센서로 그녀의 반경을 클릭하다가
오늘도 늦은 퇴근을 들고
자꾸 작아지고 허둥대는 타인처럼 귀가하는
나를 접는다

그녀의 반경 속엔 지금도 바람이 환상처럼 불고

돌이 삼킨 새

몇 억만 년 전 지층 속에 새가 찍혀 있다
가끔 지층이 부르르 떨릴 때를 기다려
날개를 털었을 뿐
새는 지금 가장 딱딱한 새장 속에 들어가 있다
마지막 표정을 지우고 입을 닫았다
날개를 꺾었다
수많은 날을 견디고도 벗어날 수 없는
순간의 비행 속에서 무늬로 남아 있다

어쩌면 새가 저렇게
큰 돌을 삼켰을지도 모르겠다
염통을 열어보면
어느 뜨거운 순간이 들어 있을 것 같다

육탈된 빗살 날개 위에
먼 그때의 시간은 바람으로 묻어 있다
스며든 빗방울을 머금고 조금씩 뚜렷해지는 새
빗방울은 가장 맛있는 모이였을 것이다

〉

세상으로 나갈 때를 기다리며 섬뜩한 시간을 넘어와
지금 내 시선 앞을 날고 있다
깊이 스며든 것들은 돌을 열고 날아가려 할 것이다

누군가 돌을 던진다면 새는
더 먼 곳으로 날아갈지도 모른다

출구

책 속에 숨어 있는
출구를 찾아라

약관(弱冠)이 달린다, 해방된 시간이 달린다, 술병이 달린다, 기세 좋게 달린다, 깃발이 달린다, 전봇대가 달린다, 네온사인이 달린다, 청춘이 달린다, 눈동자가 달린다, 별이 달린다, 풀이 달린다, 블랙홀이 달린다

현란한 웃음 뒤에 검은 가면들
입을 벌리면
길 없는 시간들,
시간 밖으로 밀려나는 청춘들

Black out

OT는 마지막 출구
마지막 파티였다

삼월

아지랑이가 분수처럼 솟구쳐 오른다
교문 밖으로 축구공이 구른다
창틈으로 실루엣이 보인다

길고 짧은 종소리 따라 아이들이 연필을 던진다
공중에 무지개가 그려진다

볼우물이 가득 넘친다
축구공이 되어 굴러가는 아이들,
종주먹으로 하늘을 찌른다

유리창에 갇힌 자목련나무가
햇살을 불러들인다
참새들이 물고 오는 봄이 분주하다

빈 자전거에 실린 아우성이
내일을 향해 간다

계단을 배운 사람

나는 처음부터 지하에서 태어났다
나무뿌리같이, 흐르는 물줄기같이
모색(摸索)하는 존재였다
나는 아무에게도 손을 흔들지 않았지만
기차는 내 지하방에 기적 소리를 던지고 지나갔다
집 안의 모든 유리들과 창틀들은
마구 흔들리며 기차를 따라갔다
내 몸 곳곳에는
싸구려 음악의 코드들이 각인되었다
통속적인 울음의 반주는 나의 특기
취한 말들을 주머니에 가득 채우고
나는 햇볕처럼 기차처럼 떠나는 연습을 했다
내가 가장 부러운 사람은
날아가는 자신의 모자를 따라가는 사람
블록 담을 아무렇지 않게 넘어가는 장미넝쿨
시간의 모서리를 세우는
정오의 일가들

내 발가락 티눈과 아토피는 나의 스탭

꿈속의 보폭이 만들어낸 물집과 티눈과 굳은살들이

재빨리 키를 바꿀 때

나는 힘껏 페달을 밟았다

나는 처음부터 지하에서 태어난 사람

처음부터 계단을 배운 사람

그리하여 나는

지상을 향해 매일 태어나는 사람

우물의 침묵

머리를 푼 버드나무를
올려다보던 우물,
언제부턴가 정갈한 하늘은 사라지고
물 위에 떠 있던 구름은 산산조각이 났다
몇 장의 버들잎만으로도
자주 구름의 발목이 빠지던 곳

버드나무가 베어지고
아낙들의 물오른 입이 닫히자
초록 이끼들 검은빛으로 타들어갔다
귓문마저 막힌 우물
바닥까지 추락한 두레박은 더 이상 떠오르지 않았고
물은 더 이상 제 키를 높이지 못했다

얼어붙은 강의 입이 풀리는 날,
마을 사람들은 옷깃을 여미며
우물과 점점 멀어지고 흩어졌다
도시는 한 우물을 마실 만큼의 친교가 없었다

버드나무는 제 목숨을 끊는 것으로
살던 곳과 결별했다

철렁, 우물이 받아내던 소문엔
무성한 잡초가 자랐고 죽은 고양이 사체와
빈 소주병이 들어 있었다

고향을 등진 뼈마디들에선
계란 썩는 냄새가 흘러나왔다

게놈의 진실

여러 층의 꿈을 꾼 적 있었어요

매일 낯선 하루를 내걸면서 내 유전자는 아침마다 거울을 깨웠어요 바깥 소리에도 귀를 닫고 나는 여러 명의 순간이라고 자만했어요 매일의 위장술로 모자와 가발로 포장한 시간, 배반하지 않는 키높이 구두와 깔창도 거추장스럽기 시작했거든요 교집합으로 발현된 나와 사촌언니의 민머리, 외사촌 동생과의 도토리 키는 속내를 뒤집는 내 통탄이었지요

교집합을 탄생시킨 아버지와 어머니, 어쩌자고 서로의 배경만 본 두 분의 안경 도수를 어찌할까요 수없이 거울을 보면서 우성의 유전자라고 믿었던 교집합, 낯선 얼굴에 들락거리는 고백은 어느 순간에 와서야 제 눈에 안경을 벗어버렸던 걸까요

세상엔 나를 모르는 사람들이 넘쳐나고 유사한 사람들이 기성품처럼 남아돌아요 악어 눈물은 본 적이 없는 소문 라벨만 변경한 상품, 디자인만 바뀐 옷차림 강해진 화장만으로 내

가 바뀐 건 아니었어요

출처도 없고 상표도 없는 웃음이 꼭 필요했어요

내비게이션

장미꽃 붉은 담벼락이 허물어지는 그곳까지
붉은 노을 번지는 지평선까지

여러 층의 울음이 형광을 터트리면 나는 불나방이 된다 붉은 날개와 붉은 더듬이를 가진 아랫배를 물들여줘, 염색물이 끓어오르는 숲이라도 좋아 장미꽃 정오처럼 붉어질 거야 불꽃이 되어 내일의 한 자락도 잘라올 거야

스키드마크를 선뜻 넘어선 내비게이션. 나를 밝혀줄 바싹 달궈진 붉은 입술과 붉은 머리, 구겨지는 변색의 한낮, 불세례를 퍼부어다오 날 선 더듬이로 내 달팽이관을 울리는 붉은 동그라미의 파장, 예민한 안테나를 높이 세워 한순간에 짐승처럼 나를 제압하는

이 지겨운 안내로
점점 멀어지는 채도(彩度)로 가고 있는
붉은 낭비의 초행길

제4부

이상한 판타지

햇살을 양푼에다 비벼 먹어야지. 엉키는 것들을 뚝뚝 잘라 넣고 소나기와 물고랑과 모기장을 우적우적 씹어야지. 일요일엔 일렁이는 포도나무 아래로 기어 다녀야지. 쏟아지는 비를 기다려야지. 하늘이 뚫린 작은 방에 내 우울을 가둬야지. 포도나무처럼 고약하게 휘어지는 애인을 만나야지. 벌겋게 타올라야지. 쑥쑥 자란 말들은 솎아내야지. 슬픔은 목젖 아래 밀어붙여야지. 말라터진 입술로 포도 알을 으깨야지. 달콤한 맛들이 밀봉되면 왜 미치는 머리카락이 되는지 보여줘야지. 내 우울을 뿌리째 뽑아들고 벌벌 떨어야지. 난 맨발로 뛰어들어 일요일을 출 거야, 신경 줄처럼 매달린 내 분노의 포도 알들을 으깨버릴 거야. 내 속의 비명을 듣고 그물처럼 출렁이는 것들로 원피스를 만들어 입을 거야. 붉은 반점이 생기는 잠을 잘 거야.

나의 징크스

징크스는 우연을 가장한 번들(bundle)
어디선가 우리를 노리고 있지
절대로 제 시간에 도착하지 못할 것이라는 건
나의 징크스,
악천후는 고도를 따라 귓속까지 찾아오고
기장의 멘트는 나의 불안한 목록

시카고의 어느 공항을 향했을 때
나는 눈사람 녹듯 작아져서 차창 밖으로 흩어지는
네온사인이나 바라보는 것이다
항공기 탑승 검색대 앞에서
좌우 검지 지문으로 스캔되는 망명
바코드는 언제 나를 검색대에서 끌어낼지 모른다
앵커리지 상공까지 내 짜증을 실어 낸 노트북은
인터넷 쇼핑몰이 아니면 파이널판타지,
몇 권의 시집과 논쟁 후에 또 대결을 벌리는 체스,

고도 4만 피트에서 끝없이 떠벌리다

계속 거리를 좁혀가며 얼떨떨해지는 지도처럼
세금이 없는 내 자유의지를 재고목록에서 뒤적거리다
밀입국자들의 갈라쇼를 상상하는 일
예정에 없던 폭설이 한창일지도 모르지만
아무래도 상관없을 것이다
비행기를 내리는 순간, 이미 알아차린다
징크스는 편도 티켓에 이미 안내되어 있고
나는 반드시 돌아갈 것이라는 것을

도시는 하늘이 없다

강변북로에 어둠이 내린다
멀지 않은 곳에 가발공장이 있었던가,
지금은 묘지가 된
흑발을 심던 여공들은 또 어디서
하얗게 머리카락이 세고 있을까
꼬리를 문 자동차 불빛들 속으로 눈꽃이 진다
물은 편도가 없어 늘 한쪽으로만 흐르고
강 건너 기슭엔 조각난 불빛들이
첨벙거리는 소리도 없이 밝다
흩어진 햇살을 찾던 사람들,
퍼즐 같은 일상을 끝내고 시외로 달려간다
매일 매일이 힘겹게 비대해지고
오늘이 쏟아낸 내장을 가득 실은 트럭들이
외곽을 향해서 달려 나간다
고비사막 어디쯤에서 몰려 온 황사는
공중의 지층이거나 바람의 계단들이겠지
전철이 불빛들을 덜컹거리며 강을 건너고
한숨을 연장해 숨을 쉬는 도시의 사람들

햇살도 어느새 신기루가 되어버린 하늘,
한 뼘의 햇살도 만나지 못한 오늘이
빌딩 숲을 건너가면
날마다 사막은 확대되고
웅크린 노숙은 태어난다
흐린 하늘 밑에는 흐린 그림자도 없다

여섯 개의 점*

이 여섯 개의 점은 별자리도 아니죠
그렇다고 어느 개울의 징검다리도 아니고
어느 파충류의 무늬도 아니죠
이건 날개에요
아침을 품은 가슴을 열어 보이죠
날개는 책상다리로 앉아서 세상만을 구경하는 건 아니에요
굳이 따진다면 점자(點字)는 두드러기 성 문자에요

이 여섯 개의 점들 속에는 온갖 대답들이 있죠
활짝 편 날개로 군무를 시작하는 새떼들부터 봄의 목록들이 들어 있죠
이것은 이른바 한밤의 도서관이죠
불을 켜지 않아도 되니 등화관제죠
눈과 시력에도 지문이 있다는 것을 일깨워주었죠
깃털을 비집고 자판을 클릭하고
보도블록 위에서 신호등 불빛 색깔을 찾죠
캄캄한 것은 손쉽게 음악이 될 수 있어요
엇박자의 발놀림,

날아오른 날갯짓은 잠든 것까지 들춰내죠
세상의 단단한 것을 녹이는 불놀이에요

누구는 어둠의 문자라 하지만
점자는 활짝 편 날개거든요
가던 길 다시 되돌아오지도 가지도 않는, 날개들이에요

---

* 루이 브라유(Louis Braille)가 맹인을 위해 알파벳으로 고안한 6개의 점자(點字) 체계.

CCTV

모니터에서 여러 명으로 분열된 자신을 본다
뒷모습엔 걸음의 습관이 있었고
헐렁한 일생으로 걸어가는 옆모습이 보였다
이것들이 모두 자신의 혐의였다는 것을
혹은 자신의 혐의가 아니라는 것을 입증해야 하지만
정해진 반경 너머는
또 어떤 각도들이 움츠리고 있다는 말인가
어둠은 아무리 되감기를 해도 밝아지지 않는다
한순간도 방심한 적 없는 벽들의 눈
그림자가 줄어든 겨울
관절들마다 호시탐탐
녹화된 생의 분량이 돌아다니고 있다
구겨진 계단을 재단하던 가로등이
옆구리에 눈을 밀어 넣고 있거나
흐릿해서 판독할 수도 없는 생의 화질들
모두들 자신이 모르는 행동으로
자신을 살고 있는 것은 아닐까
어떤 이는 안테나로 달빛을 끌어당기고

누군가는 고양이 꼬리를 넘나들며 주정을 부리지만
무음으로 그저 흘러갈 뿐인 녹화된 잔상들
당신과 당신들의 꿈속은 아닐까
끝없이 재생되는 이것은 어떤 분신술인가
감시의 눈 속에서 비밀이 살해되는 세상
입증할 수 없는 내가 너무 많다

붉은 휴가

날짜들 속에서
붉은 숫자들이 불탄다
풋과일 속을 들락거리는 햇살들
눈을 찌르는 햇살을 모자처럼 쓰고
풋과일들은 스스로
만삭이 되어간다

붉은 휴가를 깔고 앉아
압박하는 날짜들을 헤아리다 보면
갈 곳도 가야 할 곳도 없는 망명지들은
쇄국으로 문을 닫아 건 지 오래라는 것
산이라도 오를 수 있다면,
꿈속으로 날아오르는 새를 꿈꿀 수 있을 텐데
날개의 품종들을 고를 수 있을 텐데

치미는 구토 속에
하늘과 낭떠러지가 뒤섞여 있다

완벽한 계산 앞에서
거스를 수 없는 계절이 내게 묻는다
똑같이 가파른 두 개의 길
붉은 눈총을 장전할 것인지
오래 비워둘 내 의자를 빙글빙글 돌릴 것인지

중심 잃고 뒤뚱거리는 다리와 휠체어가
얼굴을 맞대고
측은한 염색체를 공유한다

풋과일들은 모두 달콤한 만삭 속에
그 씨를 숨겨놓는다

사라진 노래

바람은 더 이상
방향의 척도가 아니다
막다른 골목에서 서성거리는
바람을 묻혀 돌아왔다
거리를 서성거렸던 옷들은
세탁기 속에서 빙빙 돈다

피에로는 울음 반 웃음 반의 표정으로 봄날 여울물 소리를 입에 넣고 노래를 툭툭 뱉어내고 있었다 목청을 가다듬으면 귀를 비워내는 노래 소리들, 노래는 봄바람의 방향을 닮았을 것이라고 추측하는 귀들과 손뼉으로 지루한 노래를 쫓는 사람들

막다른 골목에는
창문으로 열리는 노래가 있다
그 창문을
귀로 달고 산 지도 오래됐다

귓바퀴를 맴도는 소식은 큰 발자국을 딛고 지친 걸음으로 사라진 방향을 따라다니던 바람을 온통 쑤셔 넣고 쓸쓸했지만 노래는 어느 방향이 수거해 가는지 어느 열매의 신맛으로 견디고 있는지 여름으로 궁금할 때가 있다

   스스로 사라지는 골목에
   두고 온 노래는
   울음 반 웃음 반 표정의
   피에로가 되었을까

몽유(夢遊)의 공백

누가 내 겨울을 자꾸 훔쳐 가는가

갑자기, 꿈틀거리는 수은주의 눈금
저 눈금을 끌어올리기엔
초승달은 너무 춥고 나도 춥다,
숨겨진 꿈도 추운 삼십 년 전

처음 입었던 교복엔 북동풍이 딱 맞았다
몽유 속엔 지금도 눈이 내리고
창밖을 살피면 하얗게 질린 달빛이
서성거리는 공백(空白)

오각을 세운 심장은 뜨거웠지만
햇살을 안았던 따뜻한 팔이었지만
지금은 얼어붙어 뻣뻣해진 팔이
내 것이 아니라고
소녀여, 슬퍼하지 마라

﹥

주거니 받거니 혼자 떠드는
생소한 순간의 소녀,
눈동자엔 지금도 바람이 불고

공간

상치(上齒)와
하치(下齒)를 갖게 된 날로부터
우리는 우물거리는 중간이 되었을 것이다
꿀꺽, 넘겨야만 살 수 있는
포만과 허기의 죄를 함께 받았다
울음이 가득했던 입속의 시절과
입속을 메우는 심호흡의 시절을 지나
온갖 말로 어지러운 논쟁의 혼란을 지나
결국에는 입으로 지은 죄를 닫는다
그러므로 우리의 일용할 양식들이란
중간에 낀 애매한 처지들이며
어떤 착지에도 어떤 비행에도 끼지 못하는
허우적거리는 것들일 뿐이다
묵묵히 귀를 공경하고 돌보는
이 설왕설래의 공간
거친 숨결만으로
벅찬 사랑을 일순간 쏟아붓기도 하지만
흘리지 않으려고

앙다무는 이빨들 사이로
온갖 미사여구들이 썩어간다

입을 크게 벌리고 거울을 본다
목구멍 근처 온갖 꼬리들의 끝이 언뜻 보인다
입으로 지은 죄는 곧
마지막 한계다

치통의 목차

치통을 견디는 시간엔 모든 것이 붉다
리듬이 욱신거린다

불통의 시간이 길어져서 치통이 된 것인가, 두드리고 찌르고 심장을 저미고 달아나는 긴 밤, 목차의 첫 순서는 방치에서 출발하였다 신경에 닿기 전까지 무통이다

들불이 지나간 자리처럼 검은 자국 하나가
악담 속으로 집요하게 파고든다

날뛰는 생물을 오래 물고 있었다는 듯 뚫리고 진행되는 통증의 순서는 상처를 묵인한 시간만큼 페이지가 길다 뒤늦게 둔한 입 하나를 벌린다 통증의 목차를 읽느라 분주한 순간, 방임의 길이로 의사는 발치와 수리를 가늠한다

이빨 하나가 두근거린다

날카로운 순간이 따끔, 머리를 출발 하지정맥까지 온몸을

오르내리던 치통들 어디에 숨었는지 보이지 않는다 잠복한 치통의 찡그린 수위, 검붉은 잇몸에 변하지 않는 시간들이 단단해진다 극을 달리던 공포가 환한 치아 표면의 법랑질로 돌아가 반짝이며 머리끝까지 오른다 통증은 늘 마지막 페이지에서 시작된다

    악어새 한 마리 들여놓은 악어의 한껏 벌린 입,
    들불 번진 곳마다 파란 풀들이 돋는다

누가 내 거울을 가져가는지

우리 집에는 한 번도 깨진 적 없는 어머니와
귀퉁이 살짝 금이 간 할머니가 아직도 있다

언제부터인가 어머니를 만난다 소갈머리 다 빠진 뒤통수를 닮은 여편네를 보고 있다 언젠가는 할머니를 만난 적도 있어 악수를 하려고 손을 내밀면 그녀는 항상 왼손으로 내 손을 피한다 나는 그녀들의 손목을 비틀고 얼굴에 침을 뱉고 싶을 때가 있다

거울 안쪽에서 늙어가는 수많은 어머니와 수많은 어머니들로 강을 이룬 두물머리에는 내가 없을 때 슬쩍슬쩍 나를 훔쳐보고 가는 여럿의 딸이 있다 그녀들은 슬쩍 어깨를 스치고 지나간 것 같기도 하고 항상 뒤통수를 노려보는 것 같기도 하다 나에 대해 아무 확증도 없는 그녀들이었지만 나는 그녀의 머리에 리본을 꽂고 내 취향대로 레이스가 나풀거리는 블라우스에 스커트를 입히는데

누가 자꾸 거울을 가져간다, 내 거울의 투명한 안쪽을 뒤져

그동안 내가 버린 나의 낡고 늙은 얼굴들을 찾아내고는 또 짓궂게 살짝 비틀어진 입 꼬리까지 거울 밖으로 던지는 것이다

그림자 마을

굴뚝에서 검은 그림자들이
쉴 새 없이 뿜어져 나왔다
밤하늘의 한계점까지 날아올랐던 그림자들은
아침이 되면 깊은 지하의 숲을 향해 내려간다

처음 마을에 온 사람들은
그림자들의 느릿한 걸음을 눈치채지 못하고
한 가지 색깔의 그림자를 강요당한다
밤의 숲, 그때서야 별이 멸종한 하늘을 받아들인다

멧새가 검은 햇살을 물어 날라 지상의 집을 지을 때
사람들은 하나 둘 짐을 싸고 떠났다
기침 속에 검은 그림자가 가득 찬 사람들,
소문은 저탄더미처럼 쌓여 있고
무뚝뚝한 화차가 철근을 날랐다
검은 잎들은 더 이상 봄의 상징이 되지 못했다
가로수 위로 검은 때가 가득 낀 한낮의 해가 떨어지고
긴 죽지를 펼친 구름들이 마을을 덮으면

숲에선 검은 까마귀들이 날아올랐다

까마귀의 밤,
빈집엔 검은 그림자들이 쿨럭, 거리며 산다

손, 혹은 손(孫)

아버지라는 말, 참 쉽죠
손에서 구전되는 호칭의 한 종류죠
어쩌면 나는 아버지를 건너뛴
아버지의 딸일 수도 있어요
할아버지로부터 밀서를 받아들고
껑충, 아버지를 건너뛴
하나도 아버지를 닮지 않은 딸

그러니, 아무 말도 마시고 내게 주고 싶었던
그것만 저에게 일러주세요

당신은 하늘만 말아 쥐고 들떠 있었나요
구매자를 찾아, 호사가를 찾아
내 유년기를 돌아다니셨나요
무언의 기폭이 펄럭이던 날
나는 그곳으로부터 해방이었습니다
무엇이 다르겠습니까,
아버지 손으로 전하시던 말로

내일 당장 달나라라도 갈 수 있다면
지축과 이별이라는 세기의 벅찬 호칭을
내 손으로 어루만져 보겠어요

대견도 하십니다
어쩌면 내 손이 아버지의 그것과 그렇게 같습니까
당신과 내가 모든 것이 달라졌다기에
제 손도 꼭이나 변할 줄 알고 있었거든요

사막에서의 반성

어딘가에 꽃이 핀다는
사막의 내일을 보기 전까지

이 사막에서
나는 나의 공전을 끝낼 수 없습니다

해설

시간의 합주
―김인숙론

진순애(문학평론가)

1. 시간의 합주

한스 마이어호프는 시간을 인간의 특수한 경험 양식 중의 하나라고 정의한다. 특수하다고 하는 것은 인간이 다른 생물체들과 달리 자신의 현존재(Dasein)를 인식하고 있음을 의미한다. 인간이 특수하게 인식하는 시간의 6가지 특징을 보면, 1) 주관적 상대성 또는 균등하지 않은 배려, 2) 연속적 흐름 또는 지속성, 3) 경험과 기억에 있어서 인과적 질서의 동적 융합, 4) 자아동일성에 관계되는 지속성과 기억의 시간구조, 5) 영원성, 6) 무상성 또는 죽음을 향하는 시간의 방향성 등이나.

그럼에도 생성과 소멸을 순환하는 자연적인 시간의 지배에서 자유로울 수 없는 유한한 인간은 그 유한성을 벗어나고자 시간과 투쟁하는 지구상의 유일한 주체인 까닭에 일약 지구의 지배자가 되었으리라. 지구를 지배하기에 이른 인간은 시간조차 지배하고자 꿈꾸는 주체에 이르렀다. 꿈꾸기란 시간과의 투쟁이라고 정의하자. 꿈꾸기로써 시간을 특수하게 경험하여 유한한 인간이 영원에 이르기도 하는 까닭이다. 기억 속의 꿈으로써 과거의 공간에 멈춰 있을 때 그러하며, 초월적 꿈꾸기로써 미래에 안착해 있을 때 또한 그러하다. 그러나 그러면서도 그것은 일순간의 의식적 정지일 뿐 궁극적으로 영원에 이른 것은 아니므로, 기억이나 초월이나 결국은 시간과의 투쟁에 대한 다른 이름일 뿐이다. 투쟁의 경험 뒤에 남는 것은 무상성 혹은 허무일 것이다. 유일한 지구의 지배자가 시간과의 투쟁 뒤에서 느끼는 허무란 이율배반적인 시간인식이 아닐 수 없다. 영원한 꿈꾸기란 유한한 실체가 있어서 비롯된다는 이율배반성이다. 이렇듯 이율배반적인 투쟁의 경험 혹은 시간인식을 김인숙의 시는 특화시키고 있다.

기억으로, 꿈으로, 초월로, 고독하게 시간과 투쟁하면서 이율배반적인 합주를 이루고 있는 김인숙의 시는 그만의 독자적인 경험 양식이면서도 보편성을 아우른다. 김인숙이 시간과 벌이는 투쟁은 시간의 지배에서 벗어나고자 하는 것이기보다는 과거·현재·미래를 각각으로 대면하면서도 그 선조적 시간을 현재화한다. 지배자인 시간을 실존적 버팀목으로 삼고 있는 것이다. 때문에 그의 시는 선조적인 시간구조가 각각으로 단독적이면서도 합주의 시간인식이 두드러진다. 물론 누구에게나 현재의 나는 과거의 내가 모여서 구축된 축조물이다. 인간에게 특수한 경험 양식으로 존재하는 시간은 누구에게나 과거의 현재, 현재의 현재, 미래의 현재라는 현재로 집합되어 있는 것이다. 현재는 현존재로서의 인간이 그 존재성을 총합적으로 인식할 수 있는 실존의 시간대인 까닭이다.

현재는 과거의 축조물인 까닭에, 시인에게 과거는 시를 풀어내는 실타래로 작용하기도, 시를 자아내게 하는 물레로 작용하기도 한다. 어두운 과거와의 조우를 기저로 한 김인숙의 시에서 현재는 마그마와 같은 고독한 열정으로, 미래는 집을 지고 느리게 걷는 달팽이처럼, 비록 늦을지라도 목적지에 도달하고야 말겠다는 초월적인 꿈꾸기로 현재와 합주하고 있다. 부유하는 혹은 표류하는 현존재로서의 자아가 꿈속의 기억 그리고 미래로의 꿈과 조우함으로써 현재의 고독을 희망의 시간으로 만들어낸다.

2. 과거의 현재로서 기억

나는 모래시세에서 태어난

시간일지도 몰라,

모래시계 속에는 사구의 지층과 거짓말을 뚝 자르고 도망치는 도마뱀 꼬리의 무덤, 매일 지각인 딸을 위해 아버지는 5분의 시간을 사오셨다 한번 뒤집으면 다시 5분이 태어나고 재촉은 시작된다 지각은 편식에서 늘어나고 모래시계는 아버지의 말없는 훈계

시간을 뒤집어
이 사막을 건널 수 있다면,

나의 도착시간엔 언제나 성난 시간의 표정이 있었다 흘러내리는 모래의 속도보다 더 빠르게 펼쳐놓아야만 했던 신기루, 모래는 나의 멀고 먼 미래

아버지는 시간의 지주(地主)
차고 넘치던 시간의 창고

사막은 식탁에서 시작되고 그때마다 입 안에 모래알이 버석거렸다 모래 속에는 가장 느린 시간이 걷고 있었고 가장 가혹한 재촉이 있었다

내 혼수 품목에 들어 있던
아버지의 모래시계

아무렇지도 않게 모두의 속을 뒤집어놓는 시간의 독재,
나를 닮은 딸아이를 천천히 끌고 간다
—「모래시계」 전문

 김인숙에게 과거의 기억은 아버지로 각인되어 있다. 아버지 기호가 표상하는 가부장제의 과거를 건너온 딸에게 과거의 시간은 어떤 의미일까? 이는 의문시할 필요조차 없이 인류가 공통항으로 건너온 억압의 역사적 시간이며, 딸 혹은 여성에게 그것은 어둠의 시간이다. 개인에게 과거는 혹은 과거의 억압이거나 상처는 주관적인 기억으로 지속되어 현재의 자아동일성에 관계한다. 가부장제의 억압적 기제로 작용한 아버지 기호는 김인숙의 기억 속에서 연속적으로 현재를 무겁게 지배하는 진행형의 기제이다.

 김인숙에게 '아버지는 시간의 지주였으며, 차고 넘치던 시간의 창고'로 저장되어 있다. 아버지 기호가 장악한 기억의 저장고는 '성난 시간의 표정'으로 넘쳐난다. 성난 시간의 표정으로서 아버지에 대한 무거운 기억은 식사시간조차 사막의 시간으로 저장되어 있다. '입 안에 모래알이 버석거렸고, 모래 속에는 가장 느린 시간이 긷고 있었고 가장 가혹한 재촉이 있었다'는 어두운 기억은 아직도 치유되지 않은 혹은 잊힐 수 없는 상처가 되어 저장되어 있다. 아버지의 시간은 독재의 시간이었을 뿐만 아니라, 아버지가 부재하는 결혼 후의 생활에서도 아버지의 시간은 연속적으로 김인숙의 실존적 시간을 지배한다. 그러므로 '아무렇지도 않게 모두의 속을 뒤집어놓는 시간의 독재자로서 아버지'로 인한 가부장제의 어둠이 김인숙에게 시 쓰기의 고독한 열정을 잉태하게 했을 것으로 짐작하자.

　　처음 입었던 교복엔 북동풍이 딱 맞았다
　　몽유 속엔 지금도 눈이 내리고
　　창밖을 살피면 하얗게 질린 달빛이
　　서성거리는 공백(空白)

　　오각을 세운 심장은 뜨거웠지만
　　햇살을 안았던 따뜻한 팔이었지만
　　지금은 얼어붙어 뻣뻣해진 팔이
　　내 것이 아니라고
　　소녀여, 슬퍼하지 마라

　　주거니 받거니 혼자 떠드는
　　생소한 순간의 소녀,
　　눈동자엔 지금도 바람이 불고

―「몽유(夢遊)의 공백」 부분

　겨울 같았던 시절로, 김인숙의 기억의 샘에 저장된 그의 소녀 시절은 지금도 꿈속을 헤매게 하는 압박 요인으로 작용한다. 과거의 상처가 지배하는 억압으로서 꿈은 생소한 미래를 무지갯빛으로 그려보는 상상으로서 꿈과는 판이하게 다르다. 그럼에도 양자는 꿈이라는 공간 속에 자리한다는 점에서 같다. 전자를 꿈속에서 만날 때 우리는 흔히 가위눌리는 상태로 지난밤을 설치기도 한다. 꿈은 꿈일지라도, 그것은 억압적 기제라는 스트레스로 작용하는 과거의 어둠인 까닭이다. 그러므로 '숨겨진 꿈으로 작용하는 삼십 년 전의 추위'는 억압으로 작용하는 어둠의 은유이다. 현재에도 억압으로 작용하는 지속적인 기억의 은유인 것이다.

　"처음 입었던 교복엔 북동풍이 딱 맞았다/몽유 속엔 지금도 눈이 내리고/창밖을 살피면 하얗게 질린 달빛이/서성거리는 공백(空白)"으로 작용하는 어두운 과거의 상처가 현재와 합주하여 자아동일성을 환기한다. 기억은 과거의 현재이듯이 기억하는 현재가 있어서 과거 또한 살아있다. '초승달은 너무 춥고, 나도 춥고, 처음 입었던 교복조차 북동풍이 딱 맞았다'는 은유는 '지금도 슬픈 바람이 되어 눈동자에 붉게 하는' 환유로 떠돌아 기억의 실체로 작용하고 있다. '창밖을 살피면 하얗게 질린 달빛이 서성거리는 공백'으로 떠도는 소녀의 어두운 과거가 현재를 고독하게 한다.

> 귓바퀴를 맴도는 소식은 큰 발자국을 딛고 지친 걸음으로 사라진 방향을 따라다니던 바람을 온통 쑤셔 넣고 쓸쓸했지만 노래는 어느 방향이 수거해 가는지 어느 열매의 신맛으로 견디고 있는지 여름으로 궁금할 때가 있다
>
> 스스로 사라지는 골목에
> 두고 온 노래는
> 울음 반 웃음 반 표정의
> 피에로가 되었을까
>
> ―「사라진 노래」 부분

'사라진 노래'는 사라지지 않는 노래의 역설이다. "스스로 사라지는 골목에/두고 온 노래"이므로 그러하며, "울음 반 웃음 반 표정의/피에로가 되었을까"라고 여전히 궁금해 하므로 그러하다. 물론 엄밀히 말하여 "귓바퀴를 맴도는 소식은 큰 발자국을 딛고 지친 걸음으로 사라진 방향을 따라다니던 바람을 온통 쑤셔 넣고 쓸쓸했지만"이 지시하듯, 사라진 노래란 '지친 걸음으로 바람 타고 사라진 소식'이다. 그러니까 실제적으로 사라진 큰 발자국 소리이지만, 그것은 기억 속에 살아있어서 사라지지 않는다. 사라질 수가 없다. 그것은 과거라는 기

억의 공간을 지배하고 있는 김인숙의 고독한 실체이기 때문이다. 현재의 고독한 열정을 낳은 과거의 발자국 소리이다.

사라진 "노래는 어느 방향이 수거해 가는지 어느 열매의 신맛으로 견디고 있는지 여름으로 궁금할 때가 있"게 하는 자아와 동일화되는 실체이다. 막다른 골목에서 서성거리는 바람을 따라서 부유하는 기억은 현재의 고독을 지배하는 어둠인 것이다. 비록 어둠일지라도 김인숙에게 시 쓰기의 실타래로 작용하는 어둠이므로 그것은 어둠과 빛이 융합한 이율배반적인 지평에 있다. 어둠이 어둠일 수만은 없다는 역설을 낳은 김인숙의 시간인식이라 하겠다.

3. 현재의 고독한 열정

내가 당신과 눈을 맞추고 걸어갈 때 천둥은 치고 비는 내리지 않았지 동행이라는 그 아름다운 말과 함께 당신이 보고 있는 저 구름과 새의 비행을 어제의 달콤한 속삭임이었다고 이야기하면 당신은 무엇으로 나를 진정시킬 것인가 너무 많은 비상구를 가진 당신과 당신 사이에서 나는 또 무엇으로 나를 설득시킬 것인가 당신의 눈을 가리는 태양의 무늬를 이제 허상이라 이야기하겠다 내가 당신과 눈을 맞추고 걸어갈 때 천둥은 치고 비는 내리지 않았지 당신이

여, 이것마저 허상이라 이야기하지 말자 푸른 자전거의 푸른 바퀴가 어디로 굴러가는지 먼 훗날까지 나는 지켜봐야 한다 누군가 당신을 불러주기 전까지 누군가 당신을 닮아주기 전까지 너무 많은 눈을 가진 당신을 나는 기록해야 한다

—「거울과의 동행」 전문

어두운 기억이 지속하는 과거의 현재 속에서 '나는 지금 고독하다'고, 김인숙은 현재를 직접적으로 탐구하기에 이른다. '거울과의 동행'은 '나'에 대한 탐구의 은유이리라. "너무 많은 눈을 가진 당신을 나는 기록해야" 하므로, '나는 지금 고독해'라는 언명 속에 그의 깊은 성찰이 내재한다. 당신이 너무 많은 눈을 가진 까닭은, '내가 당신과 동행하면서 아름다운 말과, 구름과 새의 비행'을 함께한 까닭이다. 그러나 그것이 단지 '어제의 달콤한 속삭임에 지나지 않았는가'에 그의 자조적 성찰이 동반된다. 지속적인 과거가 현재를 자조적 고독에 이르게 하는 기저로 작용하고 있다.

그러면서도 "당신의 눈을 가리는 태양의 무늬를 이제 허상이라 이야기하겠다"라고 과거와 현재를 분별하기에 이른 자조 섞인 성찰은 지속성으로 연계된 과거와 무관하지 않을 것이겠으나, 여기에 이를 수 있는 성찰의 면모는 그간의 시간의 경과가 낳은 결과일 것이다. "푸른 자전거의 푸른 바퀴가 어

디로 굴러가는지 먼 훗날까지 나는 지켜봐야 한다 누군가 당신을 불러주기 전까지 누군가 당신을 닫아주기 전까지 너무 많은 눈을 가진 당신을 나는 기록해야 한다"는 당위의 결론에 이르기까지 시간의 경과가 낳은 성찰의 결과인 것이다. 기록은 열정의 행위요, 자조 섞인 성찰은 고독의 이면이다. 고독한 열정으로 짜인 시간의 이율배반적인 합주이다.

  당신이라는 나라에 가기 위해
  발끝에서 머리끝까지 체온이 끓어오르고 있어요
  이렇게 온몸에 불을 붙여 상승하다 보면
  언젠간 재만 남게 되겠지만
  뭐, 어때요
  이것이 내가 당신에게 접근하는 방식인걸요

  범접하기엔 차마 먼 빙벽처럼
  도저히 닿을 수 없는 거리, 꼭 그만큼의 거리에서
  당신은 굳게 닫혀 있군요
  평생을 치받아도 동요하지 않는 당신을
  지축(地軸)이라 불러도 될까요
  고독이라 불러도 될까요

  입구도 없고

출구도 없는 천공(穿孔) 속의 당신

당신이라는 나라에 닿기 위해
나 오래전부터 화려한 분신을 꿈꾸었지요
열리지 않는 문 앞에서
불을 품고 살았지요

제발 틈을 보여주세요
화려한 분출을 보여드릴게요

—「마그마」 전문

 '당신이라는 나라에 가기 위해 발끝에서 머리끝까지 체온이 끓어오르고, 온몸에 불을 붙여 상승하다 보면, 언젠간 재만 남게 되겠지만', 그러할지라도 이와 같은 행보가 김인숙이 '당신에게 접근하는 방식'이므로 중지할 수 없다. '당신에게 접근하고자 한 열망'이 김인숙의 실존태이므로 멈출 수 없는 행보인 것이다. '범접하기엔 먼 빙벽 같아도, 그래서 도저히 닿을 수 없는 거리에서 굳게 닫혀 있어도, 나아가 평생을 치받아도 동요하지 않아도', '그 이름이 지축이거나 고독일지라도' '당신에게 닿기 위한 행보'는 멈출 수 없는 현존재로서 김인숙의 실존태이다.
 '당신이라는 나라에 닿기 위한 것'은 과거에서 현재로, 그리고 미래로도 이어질 지속적인 김인숙의 이율배반적인 현존성이며, 김인숙이 품고 있는 마그마와 같은 열정이다. 고독하게 어둠 속에서만 홀로 끓고 있는 마그마와 같은 열정이 과거의 슬픈 소녀 시절에 잉태된 어둠에서 비롯됐을지라도 그것은 김인숙의 현재를 지배하면서 미래로 시간을 끌고 가는 실존적 힘이다. 이율배반적인 시간과의 투쟁만이 현존재가 그 존재성을 확인하는 궁극의 길인 까닭이다.

4. 미래의 현재로서 희망의 꿈과 초월

세상에서 가장 느린 풍향계를 달고
나는 나를 운반한다
내일의 바람은 아직 내 것이 아니므로
후생(後生)에게 맡기고
꽁무니에 따라붙는 오늘의 바람을
폐부 깊이 들이마시고
나는 나를 끌고 평생을 간다

온몸에 뒤집어쓴 이 알이 부화할 때까지
기꺼이 나락을 헤매다
나는 새가 될 거야

붉은 날개를 가진 새가 될 거야

종일 타오르는 불꽃,

불타는 노을이 될 거야

그러니 한낮의 뙤약볕을 나에게 퍼부어 주렴

내 부리와 더듬이가 말라비틀어지도록

내 심장이 타들어가도록

온몸이 날개가 될 수 있도록

세상에서 가장 느린 풍향계를 달고

나는 나를 운반한다

현생(現生)에 부는 바람만이

오직 내 편이다

―「달팽이의 꿈」 전문

"꽁무니에 따라붙는 오늘의 바람을/폐부 깊이 들이마시고/ 나는 나를 끌고 평생을 간다"는 언명에서 확인하듯 김인숙에게 희망의 미래는 '꽁무니에 따라붙어서 현재를 밀고 있는 바람'이다. 밀어주는 바람처럼 희망의 꿈이 있어서 현재의 어둠에서 초월할 수도 있다. "나는 나를 끌고 평생을 간다"는 '나'는 과거의 어두운 '나'가 기저일지라도 "세상에서 가장 느린 풍향계를 달고" 시간을 운반하는 달팽이처럼 자신을 느리게 운반하리라는 김인숙의 다짐에서 어둠을 벗어내는 성숙한 극복의 시간을 읽는다. 질주하는 동시대성과 대척에서 시인의 시간을 걷는 김인숙이 시간과 투쟁하며 도달한 시간이다.

달팽이의 꿈에 비유된 김인숙의 꿈은 비록 겉은 느리게 움직일지라도, 그 내면은 "기꺼이 나락을 헤매다/나는 새가 될 거야/붉은 날개를 가진 새가 될 거야/종일 타오르는 불꽃,/불타는 노을이 될 거야"처럼 '종일 타오르는 불꽃'으로 상징된다. "내 부리와 더듬이가 말라비틀어지도록/내 심장이 타들어가도록" 온몸을 불사르겠다는 의지의 다짐은 김인숙의 이율배반적인 시간에 대한 투쟁이 낳은 열정이다. 그럼에도 "현생(現生)에 부는 바람만이/오직 내 편"이라는 희망의 미래는 현재에 모아진다. 현존재가 인식하는 시간은 오직 현재가 있어서 가능한 까닭이다.

> 어딘가에 꽃이 핀다는
> 사막의 내일을 보기 전까지
>
> 이 사막에서
> 나는 나의 공전을 끝낼 수 없습니다
> ―「사막에서의 반성」 전문

위 시는 시집의 마지막에 게재되어 있다. 이를 '어딘가에 꽃이 핀다는 사막의 내일을 보기 전까지 나의 공전을 끝낼 수 없다'는 김인숙의 희망 의지로 읽어보자. 삶은 사막에 비유되고, 인간의 실존이란 결국 사막에서의 공전일 뿐일 것이다. 그럼에도 '물도 없는 사막의 어딘가에 꽃이 핀다'는 희망처럼 사막에서 신기루를 찾아가는 행보나 다름없는 삶의 행보를 혹은 시간과의 투쟁을 영원으로 이끌어야 하는 데 궁극적 실존성이 있으므로, '무거운 모래 신발을 신고 모래시계와 같은 시간을 끌면서 갈 수밖에 없는 일'이라는 김인숙의 투쟁적 성찰이 초월의 꿈처럼 가벼우면서도 무겁다.

시간은 현존재를 지배하면서도 영원으로 유인한다. 꿈으로써 유인하고 희망으로써 유인하면서 유한한 생명체를 영원에 이르게 한다. 그것은 역설적이게도 현존재의 무상성을 극복하게 하는 시간의 선물이다. 삶이 이율배반적이듯 시간이 지닌 이율배반성이다. 혹은 현존재로서 인간이 특수하게 인식하는 시간에 대한 경험이 낳은 이율배반성이다. 시간의 합주로써 김인숙의 시적 행보가 낳은 이율배반적인 희망이 불안한 동시대성을 견고한 희망으로 유인한다.

이 도서의 국립중앙도서관 출판시도서목록(CIP)은 서지정보유통지원시스템 홈페이지(http://seoji.nl.go.kr)와 국가자료공동목록시스템(http://www.nl.go.kr/kolisnet)에서 이용하실 수 있습니다.(CIP제어번호: CIP2020024883)

시인동네 시인선 130

먼 훗날까지 지켜야 할 약속이 있다

ⓒ 김인숙

초판 1쇄 인쇄	2020년 6월 19일
초판 1쇄 발행	2020년 6월 26일
지은이	김인숙
펴낸이	고영
책임편집	이리영
디자인	혜이존
펴낸곳	문학의전당
출판등록	제448-251002012000043호
주소	충북 단양군 적성면 도곡파랑로 178
전화	043-421-1977
전자우편	sbpoem@naver.com

ISBN 979-11-5896-473-3 03810

* 이 책의 판권은 지은이와 문학의전당에 있습니다.
* 양측의 서면 동의 없는 무단 전재 및 복제를 금합니다.
* 잘못 만들어진 책은 바꿔드립니다.